Your Thoughts, Feelings And Essence Became Ours

Tus Pensamientos, Sentimientos Y Esencia Son Nuestros

Poems ~ Meditations & Reflections
Inspired by others and self-experiences

Roots

The
opportunity
to be created,
to be born,
to grow,
to live,
to enjoy and
be enjoyed,
to fall and
be re-created

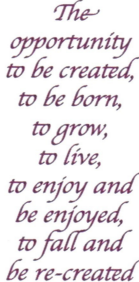

Maggie Ramos

AuthorHouse™
1663 Liberty Drive
Bloomington, IN 47403
www.authorhouse.com
Phone: 833-262-8899

Because of the dynamic nature of the Internet, any web addresses or links contained in this book may have changed
since publication and may no longer be valid. The views expressed in this work are solely those of the author and do not
necessarily reflect the views of the publisher, and the publisher hereby disclaims any responsibility for them.

Any people depicted in stock imagery provided by Getty Images are models,
and such images are being used for illustrative purposes only.
Certain stock imagery © Getty Images.

This book is printed on acid-free paper.

ISBN: 978-1-7283-4433-1 (sc)
ISBN: 978-1-7283-4432-4 (e)

Library of Congress Control Number: 2020901094

Print information available on the last page.

Published by AuthorHouse 04/07/2021

authorHOUSE®

Poems ~ Meditations & Reflections
Inspired by others and self-experiences

By Maggie Ramos

Poemas ~ Meditaciones y Reflexiones
Inspiradas por experiencias propias y de otros

Por Maggie Ramos

Acknowledgements

My Parents~
Leopoldo Covarrubias, Beatriz Ramos
Dr. Stephanie Casey
Dr. Leshea Nock
Prof. Melissa Lloyd Johns
MiraCosta College

My acknowledgements extend, first to my creator, who has given me the opportunity to see this piece in a dream to then convert it in a reality. "Thank You Lord" I give Thanks to the Celestial and Earthly Angels that have participated in this dream and that is now a reality.

Thank You All!

Agradecimientos

Mis Padres~
Leopoldo Covarrubias, Beatriz Ramos
Dr. Stephanie Casey
Dr. Leshea Nock
Prof. Melissa Lloyd Johns
MiraCosta College

Mi agradecimiento se extiende primero a mi creador, que me ha dado la oportunidad de ver esta pieza como un sueño para después convertirla en una realidad. "Gracias Señor" Gracias a todos los Ángeles Celestiales y Terrenales que participaron en este sueño y ahora es una realidad.

¡Gracias a todos!

Second Chance

Oh Lord!!!
Lord please reach into my heart
Lord please reach into my thoughts
Lord unstable too often I find myself
Thinking and feeling things I'm not sure I should
Fighting against myself too often confused
Tossing and turning my head from left to right
Tossing and turning awaken unable to sleep
Interrupting the moment my lashes meet
My dreams feel so real,
I can embrace myself within and beyond
Not knowing what is legitimate in them
Lord hope is what I search for
Courage I wish to find
Faith I want to have
Allow me to pick myself up
Allow me to gain the strength I lack
Oh Lord don't let me go alone
Lord, hold my hand
Without your light and guidance my life falls apart
Hopeless I don't want to feel
Faith I need to find
Find me Lord and reach into my heart
Find me Lord and reach into my thoughts
Tired of being lost
Please help me find myself
Thank you, Lord, for the good!
Thank you, Lord, for the bad!
Thank you, Lord, for the second chance!

Segunda Oportunidad

¡Oh, Señor!
Señor por favor, llega a mi corazón
Señor por favor, llega a mis pensamientos
Señor, demasiado inestable a menudo me encuentro
Pensando y sintiendo cosas que no estoy segura que debiera
Luchando contra mí misma, a menudo confundida
Dándome vueltas la cabeza de un lado a otro
Dando vueltas y vueltas en la cama despierta sin poder dormir
Interrumpiendo el momento en que mis ojos se cierran
Mis sueños se sienten tan reales,
Sin saber qué es lo que es legítimo en ellos
Puedo abrazarme a mí misma dentro y más allá
Señor, esperanza es lo que busco
Valor es lo que espero encontrar
Fe quiero tener
Permítanme recuperarme
Permítanme obtener la fuerza que me falta
Oh, Señor, no me dejes ir sola
Señor, toma mi mano
Sin tu luz y guía mi vida se desmorona
Desesperanza no quiero sentir
Fe necesito encontrar
Búscame, Señor y llega a mi corazón
Búscame, Señor y llega a mis pensamientos
Cansada de estar perdida,
Por favor, ayúdame a encontrarme a mí misma
¡Gracias Señor por el bien!
¡Gracias Señor por el mal!
¡Gracias Señor, por la segunda oportunidad!

Never Alone

When you see me confused,
Please advise me.
When you see me quiet,
Please converse with me.
When you see me anxious,
Please mellow with me.
When you see me falling,
Please hold me.
When you see me sad,
Please allow me to look
into your eyes and their
joy will reflect in mine.

Nunca Solo

Cuando me veas confundido,
Por favor aconséjame.
Cuando me veas callado,
Por favor conversa conmigo.
Cuando me veas ansioso,
Por favor seréname a tu lado.
Cuando me veas caer,
Por favor sostenme.
Cuando me veas triste,
Por favor permíteme mirarte
a los ojos y su dicha
se reflejará en los míos

Three Minutes Are Two Lives

Many human beings pretend
to be legitimate adults. Even though
it is not always that simple and gorgeous
When it comes to taking serious and
important decisions. Who believes to be an adult,
are those who want to embellish everything even
when it's not embellish-able
Now among them we may find the wild juveniles.
The new adolescents that always pretend to play
to be mother and father. Without yet learning
their own name not to mention the last name
they will need to cheer to their new innocent
child that will now be coming soon.
Just to satisfy their physical necessities,
they lead themselves into three stupid minutes
in a lonely place full of pleasure.
While they don't realize that
that place will convert into a hospitalization
full of pain with three days in bed and an entire
lifetime full of remorse.

Tres Minutos Son Dos Vidas

Muchos seres humanos pretenden
ser verdaderos adultos, aunque no lo es
siempre así de fácil ni de bello a la hora
de tomar decisiones serias e importantes.
Quién cree ser adulto es quién siempre
quiere embellecerlo todo aún sin serlo bello.
Ahora entre ellos se encuentran los locos jóvenes.
Los nuevos adolescentes que siempre pretenden jugar
a la mamá y el papá sin saber su propio nombre,
mucho menos el apellido que le brindarán
a aquella criatura inocente que ahora vendrá.
Sólo por satisfacer sus necesidades físicas
se dejan llevar por un momento de tres estúpidos
minutos en un lugar solo y lleno de placer.
Mientras no se dan cuenta que ese lugar de placer
sé convertirá en un sanatorio lleno de dolor con tres
días en cama y toda una vida llena de remordimientos.

My Present

You became part of my past.
You are now my present.
I would like you to be,
part of my future.
When we are distant
I feel you closer,
I can feel you,
When you think of me.
Whether we are together or apart
you will always be part of my heart.
I gave you my soul and placed it
in your hands.
Without a doubt I gave you my presence,
But with second thoughts
for a moment I felt rejected.
Hard it became for us to love.
Easier it was for us to hate.
So, hurt we both are,
hard it is for us to understand.
No need to express it.
With a kiss under the moon glide
everything is reflected into our essence.
Pain walks by my side
holding my hand with confidence.
Certain that together we will be,
with intrigue patiently I shall wait for
a silent moment with you
to strengthly embrace.

Mi Presente

Te convertiste en parte de mi pasado.
Ahora eres mi presente.
Me gustaría que fueses
parte de mi futuro.
Cuando estamos distantes
te siento más cerca.
Te puedo sentir
cuando tú en mi piensas.
Estemos juntos o separados,
Siempre serás parte de mi corazón
Te obsequié mi alma
y la puse en tus manos
Sin duda alguna te regale mi presencia,
Pero dudando por un momento
me sentí rechazada
Difícil se convirtió nuestro amor
Más fácil fue odiarnos
Tanto nos lastimamos los dos.
Difícil fue entendernos
No hay necesidad de expresarlo
Con un beso bajo el suave paso de la luna
Todo se reflejará en nuestra esencia
El dolor camina a mi lado
Tomándome de la mano con seguridad
Segura de que juntos estaremos
Con interés pacientemente esperaré
nuestro momento en silencio
con fortaleza allí estaré para abrigarlo.

~Sublime~

Shining out of the dark
Rising sight to the sky.
Thanking you for the joy,
No messenger in between
Just you and I,
No saints on the walls
There is no doing wrong
Religiously to myself,
Everything sacred got put away.
Lord, Mother Mary shall forgive me
For stashing her in a drawer.
Her purpose, my mission
Your efforts have reflected success.
Joining Magdalena in the Attractive Island
I join into the refreshing delightful warm waters.
Clear aquatic waves meet with bright blue skies.
I have witnessed the ray of sunshine followed
By reflective gorgeous colorful slides.
In the warmest rainbow ever
Smoothly I release, allowing
Myself to be embraced, sublime!

Sublime

Brillando en la oscuridad
Alzando la vista al cielo.
Agradeciéndote por la alegría,
Sin mensajero de por medio
Sólo tú y yo
No hay santos en las paredes
No hay forma de hacer el mal
Religiosamente conmigo misma,
Todo lo sagrado quedó guardado.
Señor, la Madre María me ha de perdonar
Por esconderla en un cajón.
Su propósito, mi misión
Sus esfuerzos han reflejado el éxito.
Junto a Magdalena en la Isla Atractiva
Me sumo a las refrescantes y deliciosas aguas cálidas.
Claras olas acuáticas se juntan con los brillantes cielos azules.
He sido testigo del rayo de sol, seguido
Por reflexivas hermosas diapositivas en color.
En el arco iris más cálido de todos
Suavemente me libero, permitiéndome
A mí misma ser abrigada, ¡sublime!

Silent Voice, Silent Beat

A physical satisfaction without genuine emotions
Limited time of caring and sharing
Conversations and respect not in place
No commitment to undertake leaving behind
the hombre you have never been.
An embryo to be created crying out for love and acceptance
Feeling more than the emptiness felt during his creation

Tiny I am with big desires,
have not yet seen the light in life
I can already feel the rejection and doubt of
giving me a possibility
In your interior uncertainties of our future
I cry out to you "Give us both a chance
we deserve to meet, and I deserve to see
what the world is really like".

A blank stare out the window
hoping you see me in your future
A terrible uncertain feeling from you I sense.
I may not be developed enough to express it.
My voice may not be heard
but in your thoughts, I will always be
and in your heart, I will forever beat.

Voz Silenciosa, Latido Silencioso

Satisfacción física sin emociones genuinas

Tiempo limitado de ansiedad y disfrutar juntos

Conversaciones y respeto fuera de lugar

No hay obligación alguna de compromiso dejando atrás al hombre que nunca has sido.

Un embrión que se crea, que clama por el amor y la aceptación

Sintiéndose más que el vacío que se siente durante su creación

Pequeñito soy con grandes deseos,

Sin haber visto aún la luz en la vida

Ya puedo sentir el rechazo y la duda de darme una posibilidad

En tu incertidumbre interior de nuestro futuro

Clamo a ti "Danos a ambos una oportunidad,

Merecemos conocernos y yo merezco ver lo que el mundo es en realidad".

Una mirada fija en blanco por la ventana

con la esperanza de que me veas en tu futuro

Una terrible sensación incierta de ti yo siento.

Podré no estar lo suficientemente desarrollado como para expresarlo.

Mi voz podrá no ser escuchada

pero en tus pensamientos yo siempre estaré

y en tu corazón por siempre latiré.

Overshadowed Beauty

Early spring blue sky is not bright

Purple joyful tulips are missing the joy

Grey clouds interfere, have wilted with time.

 Hiding away from the minimal ray of light that could be reflected in a smile.

Tear drops from a gloomy sky Calla lily serve as teacups dripping away settling on a dry, comfortable,

safe place on a rostro they reconcile

realizing the joy is over.

Tulips, Calla lilies and Daisies all dance in the rain enjoying and sharing the last gathering together

Daisies will be missed Calla lilies will bring them back Tulips with supportive strength by their side promised beauty

with the rest to share. Going back in time a couple of honey drops looking for joy recovering the glow.

Recreated, reconstructed with confidence they stand. Time vanishes in an instant past haunting the present catching up to their petals shouldn't rush into the future no place to hide away leaving behind the previous.

Always a mirror reflecting what wants to be hidden. Beauty that by nature is given and by custom overshadowed

Every spring Daisies will be missed Calla lilies will bring them back, Tulips with supportive strength by their side Promised Beauty with the rest to share.

Belleza Ensombrecida

El cielo azul de la primavera tempana no está brillante

Los jubilosos tulipanes púrpuras carecen de dicha. Nubes grises interfieren.

Se han marchitado con el tiempo. Ocultándose del mínimo rayo de luz

Que podría reflejarse en una sonrisa.

Gotas de lágrimas desde un cielo empañado.

Como tazas de té funcionan los alcatraces que gotean, estableciéndose en un lugar seco, cómodo, seguro, en un rostro se reconcilian

reconociendo que la dicha ha concluido.

Los Tulipanes, Alcatraces y Margaritas bailan todos en la lluvia Disfrutando y compartiendo la última convivencia juntos.

Las Margaritas serán extrañadas. Los Alcatraces las traerán de regreso

Los Tulipanes con la fuerza solidaria de su lado, belleza prometida

Con el resto a compartir.

Retrocediendo en el tiempo Un par de gotas de miel buscando dicha recuperando el brillo. Recreadas, reconstruidas

Con seguridad ellas se levantan. El tiempo se desvanece en un instante

El pasado atormenta al presente, alcanzando sus pétalos. No deberían apresurase hacia el futuro. No hay lugar para esconderse

Dejando atrás lo anterior. Siempre un espejo reflejando. Lo que quiere estar oculto. Belleza que por naturaleza se le es dada y por costumbre

Ensombrecida. Cada primavera las Margaritas serán extrañadas.

Los Alcatraces las traerán de regreso. Los Tulipanes con la fuerza solidaria

belleza prometida con el resto a compartir

Spiritual Souls

Sitting in front of an Angelic Soul. Limited gestures, limiting emotional reactions to what is being said.

Considered, it shall be inappropriate to become affected by or overreact to what is being communicated, regardless of the pain sensed between the two.

From above and around, surrounded with serenity, spiritual silent melodies are enjoyed. It feels confusing to confess to a stranger,
yet a sense of relief after taking a few deep breaths that only the painful soul
can release and the peaceful soul can neutralize among the both.

Maintaining an emotional respectful distance, enough to feel spiritually connected, distant enough from becoming over emotionally combined.
Dual mixed confused uncertain emotions and feelings shouldn't mingle.

One lost soul is momentary enough in the hands of a soul that has previously found itself. Supportive, it holds keeping from again feeling lost, focusing in the moment and providing a sense of feeling safe and confident fulfilled with an abundance of hope, stepping away from the past and looking towards a brighter musical spiritual future.

Almas Espirituales

Sentado frente a un Alma Angelical.
Gestos limitados, limitando reacciones
Emocionales a lo que se está diciendo.
Considerando, será inapropiado sentirse afectado por
o sobre reaccionar a lo que se está comunicando,
independientemente del dolor percibido entre los dos.
Desde lo alto y en todo, rodeado de serenidad,
Se disfrutan silenciosas melodías espirituales.
Es confuso confesarlo a un extraño,
Sin embargo, una sensación de alivio
Después de algunas respiraciones profundas
Que sólo el alma adolorida puede liberar
Y el alma pacífica puede neutralizar entre los dos.
Manteniendo una respetuosa distancia emocional,
Suficiente como para sentirse espiritualmente conectados,
Tan distantes como para estar emocionalmente más unidos.
Duales emociones mixtas, confusas e inciertas
Y los sentimientos, no deben mezclarse.
Un alma perdida es momentáneamente basta
En las manos de un alma que previamente
Se ha encontrado a sí misma.
Solidaria, sostiene, impidiendo nuevamente sentirse perdido,
Enfocándose en el momento y proporcionando
Una sensación de seguridad y confianza
Llena de abundante esperanza,
Alejándose del pasado y mirando
Hacia un brillante y musical futuro espiritual.

Heaven's Angels

It is raining once again sadly here I sit thinking
that angels from up above are shredding in tears.
A Californian Sunshine wrapped within many colorful rain drops.

An angel has fallen in my hands.
I know it is true because I was there when it dropped.
Gladly I saved it from hitting hard.
I know it is true because I was there to guide it to float.

Hugs and kisses are being shared,
with no trades hear on earth to be made.
Sharing and caring is what friendship is all about.
Sad looks and tears are being substituted
by cheerful smiles and giggles.

During rainy days never again sad I'll be.
With your friendship by my side
smiles, tears, hugs and kisses I will be there to share.

"Ángeles del Cielo"

Está lloviendo una vez más, tristemente aquí sentado,
pensando que los ángeles desde las alturas están desgarrados en lágrimas.

Un brillante sol Californiano envuelto en gotas de lluvia multicolores.
Un ángel ha caído en mis manos.
Sé que es verdad porque yo estaba allí cuando cayó.
Gustosamente lo salve de golpearse fuerte.
Sé que es verdad porque yo estaba allí para guiarlo a flotar.

Abrazos y besos se están compartiendo,
Sin realizarse transacciones escuchadas en la tierra.
Compartir y cuidar es lo que se trata la amistad.
Miradas tristes y lágrimas están siendo substituidas
por sonrisas alegres y risitas.

Durante los días lluviosos nunca más triste estaré.
Con tu amistad a mi lado, yo estaré allí para compartir
sonrisas, lágrimas, abrazos y besos

You are my conscious

I survived another day
It was special
Well today I met you.
I give thanks because God has
placed you in my path.

Although, I am not sure of who you are,
but for some reason
You've already inspired trust.
Even though you were always close to me,
I had never taken the time to give you
the opportunity for you to be present inside of me.

Now that I know who you are,
and only intend to follow my
steps to protect me, I have allowed
myself to be guided by you.

Now that I Have met you,
I know that you will not defraud me,
I can trust you just because I am your
body and you are my conscious

Tú eres mi conciencia

Sobreviví un día más
Fue muy especial
Pues bien, hoy conocí.
Dios te ha puesto en mi camino
Y yo le doy gracias por ello.
En realidad, no sé, ni estoy segura de
quién tu eres; pero por algún motivo

Tú ya me has inspirado confianza
A pesar de que siempre estabas cerca de mí,
nunca me había tomado el tiempo para
darte la oportunidad de que estuvieses presente
dentro en mí.

Ahora que sé quién eres y que sólo pretendes
seguir mis pasos para protegerme,
me he dejado guiar por ti.
Ahora que te he conocido,
sé que no me defraudarás,
que puedo confiar en ti,
sólo porque yo soy tu cuerpo
y tú eres mi conciencia.

Fine ~ Line

The line, left or right, who decides?

Above or under?

What is Limbo?

Who has ever been there and

returned to share the true story of what it's really like

to be on the other side?

What is it like to stand

in the middle and not have

the awareness of where the

balance lies?

Boundaries draw the line

from left to right for some

or just from right to left

for others.

What are boundaries when they are criss crossed with disrespect?

Disrespecting self-owned soul and others. Lacking in self-awareness, taken over by immaturity.

LIMBO!

Many may say or think, done that, been there.

Have you really?

Share with me your true story after returning.

Delight me with the light you approached after crossing the

shadow. Fulfill me with detail about the return from

that eternal timeless trip you ever made.

Don't leave yourself behind,

come back to reality! Limbo is not your dance.

Your joy is in our light and your light is among everyone's lives.

Return to experience only for the benefit of helping others, otherwise leave it where it belongs and move forward. Without looking back to what has put you in the gap.

Looking up, step forward and reach up to the Sky feel the Glory of Existence!

Línea ~ Fina

La línea, izquierda o derecha

¿Quién decide?

¿Por encima o por debajo?

¿Qué es el Limbo?

¿Quién alguna vez ha estado allí y

ha vuelto para compartir la verdadera historia

de lo que es realmente cómo estar en el otro lado?

¿Qué se siente al estar de pie en medio y no tener la conciencia de dónde el equilibrio se encuentra?

Límites trazan la línea de izquierda a derecha para algunos o

simplemente de derecha a izquierda para los demás.

pero ¿cuáles son los límites cuando se entrecruzan con falta de respeto?

Faltándole al respeto a sus propias almas y a las demás

Falta de conciencia de sí mismo, tomado por inmadurez.

¡LIMBO!

Muchos pueden decir o pensar, he hecho eso, he estado ahí.

¿Lo has hecho realmente?

Comparte conmigo tu verdadera historia después de regresar.

Deléitame con la luz a la que te acercaste después de cruzar la sombra.

Lléname con detalle de lo que fue el regreso de ese eterno viaje sin tiempo que jamás se ha hecho.

¡No te quedes atrás, vuelve a la realidad!

Limbo no es tu baile.

Su alegría está en nuestra luz y la luz está entre la vida de todos.

Volver a la experiencia sólo por el beneficio de ayudar a los demás, de lo contrario dejarlo donde debe estar y seguir adelante. Sin mirar atrás a lo que se ha puesto en la brecha.

¡Mirando hacia arriba, de cara al futuro, alcanzar al cielo sintiendo la gloria de la existencia!

Our Petition

Oh Lord Christ the King
From the bottom of my heart
With me to you, I would ask your presence at this table.
Here all present want to talk to you, make a
request and thank you for the lived and to be lived.

Lord bless this meditation
To that through my lips reach ears present.
Lord, may we be united and happy forever.
Fill our hearts with humility, generosity,
gratitude, grateful, and above all very patience.

Do not let us forget each other.
Allow us to forgive each other.
We ask you Lord ... Amen

Nuestra Petición

Oh, Señor Cristo Rey
Desde el fondo de mi corazón
De mí hacia ti, quisiera pedir
tu presencia a esta mesa.
Aquí todos los presentes queremos
platicar contigo, hacerte una petición
y agradecerte lo vivido y por vivir.

Señor bendice esta meditación
Para que por medio de mis labios
Llegue a los oídos presentes.
Señor, que seamos unidos y felices siempre.

Llena nuestros corazones de humildad,
generosidad, gratitud, agradecimiento,
y sobre todo con mucha paciencia.
No permitas que nos olvidemos uno del otro.
Permítenos perdonarnos unos a los otros.
Te lo pedimos Señor... Amen

If you love Him today, let Him know

Love the Lord! Love Him today and let Him know! Today tell the Lord how much you love Him. Tell Him even if He already knows it. He wants to hear it from you.

Don't let time consume you, or the day end without you letting him know. Triumph over time because it may not ever return.

Let a minute lived by you be well appreciated, so that an hour that has passed not be a day of sorrow but become a day of happiness.

This thought was created between God and I only, at sunset at the door of His house. Through His heaven sailed a somewhat sad destiny to deliver one of our brothers and of my mother. Now that I have shared him with you I am certain that he will be well received in heaven.

Lord, please deliver Arnulfo Ramos to St. Peter and to all the good saints, guide him through the path of Your footsteps. If it be necessary, I ask that you carry him in Your arms.

Thank you, Lord, it is my request in the name of his family and all his loved ones.

¡Si Lo Amas Hoy, Házselo Saber!

¡Ama al Señor! Ámalo hoy y házselo saber. Dile a Dios hoy, cuanto tú lo amas. Díselo, aunque Él ya lo sepa, Él quiere saberlo de ti.

No permitas que el tiempo te consuma, ni que termine el día sin que tú se lo hagas saber. Gánale tú al tiempo porque quizás nunca volverá.

Cada minuto vivido, que sea por ti bien agradecido, para que cada hora transcurrida no sea un día de penas y se convierta en plena alegría.

Este pensamiento fue creado sólo entre Dios y yo, un atardecer, en la puerta de su hogar. Por su cielo navegaba a un destino un tanto triste para hacerle entrega de un hermano nuestro y de mi madre. Ahora que lo he compartido contigo, tengo la certeza que será en el cielo bien recibido.

Señor, por favor hazle entrega a San Pedro y a todos tus buenos Santos de Arnulfo Ramos, guíalo por el camino de tus huellas. De ser necesario, te pido lo lleves en tus brazos.

Gracias Señor, es mi petición en el nombre de sus familiares y todos sus seres queridos.

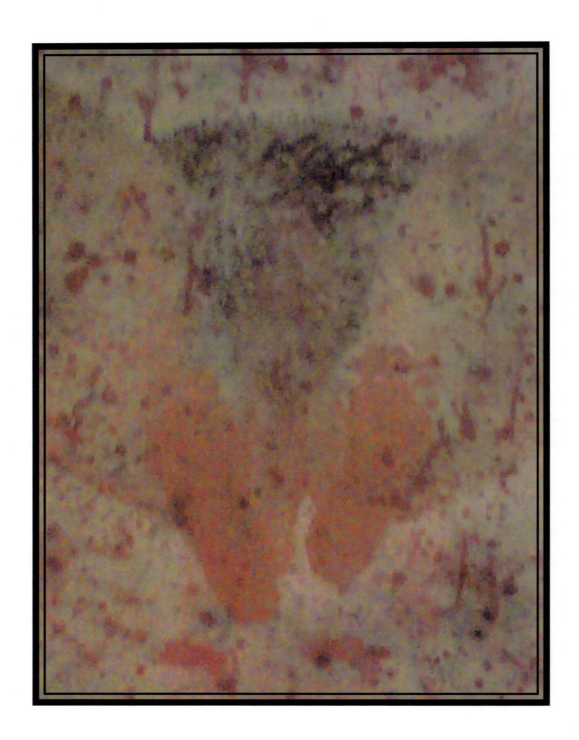

Roots

The
opportunity
to be created,
to be born,
to grow,
to live,
to enjoy and
be enjoyed,
to fall and
be re-created

Raíces

La
oportunidad
de ser creado,
de nacer,
de crecer,
de vivir,
de disfrutar
y ser
difrutado,
de caer y
de ser
re-creado

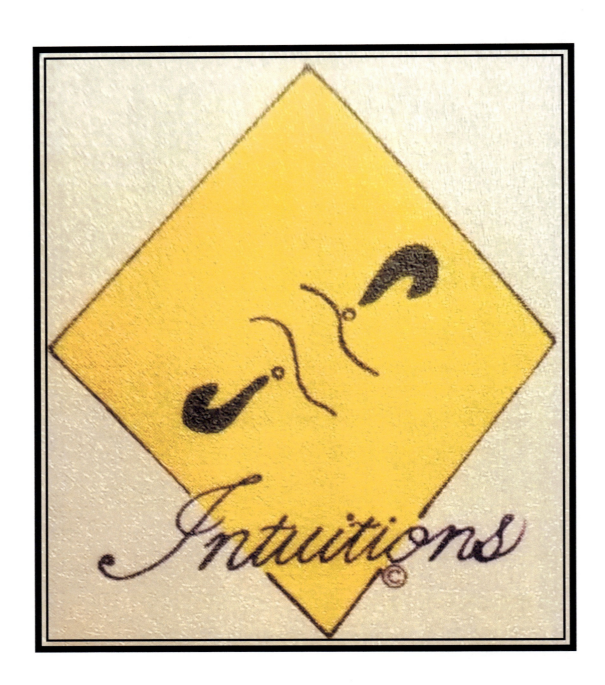

Stepping Back is Moving Forward

Taking a step back is moving forward

Looking and analyzing the true picture modifies the perspective and widens the view for a truthful appreciation

Confusing and frustrating it is to see and feel a blurry print.

Feeling you have let yourself and others down.

Look into the portrait once again, there must be something being overlooked

Taking a step back

Looking inside the picture

Analyzing the true meaning

of the connection to each line identifying the hidden messages behind each stroke that is presented in flowers, rainbows, butterflies, clouds in the sky and deep down in the interior of the heart.

Taking a step back is not retrieving.

It is a pupil opener for visualization of the next landing stroke. Embrace the fine touches,

encourage the tune to the finish line.

Allow it to flow by letting it go.

Taking a step back is moving forward. Indulging in a delicate multi colorful splash is unrevealing the real artistic strength of artistically painting your own canvas!

Dar un paso atrás es estar avanzando

Dando un paso atrás se está avanzando
Mirando y analizando la situación real,
Modifica la perspectiva y amplía la visión de una apreciación sincera
Es confuso y frustrante ver y sentir una impresión borrosa.
Sintiendo que te has defraudado a ti mismo y a los demás.
Mira en el retrato una vez más,
Tiene que haber algo que se pasó por alto
Dando un paso atrás
Mirando el interior de la imagen
Analizando el verdadero significado
De la conexión de cada línea,
Identificando los mensajes ocultos detrás de cada trazo
Que se presenta en las flores, el arco iris, las mariposas,
Las nubes en el cielo y en el fondo del interior del corazón.
Dar un paso atrás no es recuperarse.
Es abrirte las pupilas para visualizar el siguiente movimiento de aterrizaje.
Abrazar los detalles, alentar la melodía a la línea de meta.
Deje que fluya dejándole ir.
¡Dando un paso atrás se está avanzando!
Entregarse en un delicado toque multicolor
Sin revelar la fuerza artística real
¡De pintar artísticamente tu propio lienzo!

A Smile Is Friendship

God!

Unique Father of us all who stand upon the earth.

You have given us the joy of smiling.

You bring the same joy that you have inside of you while you were crucified

The face in your image represents you sad and crying. Inside you will smile at the life in two different worlds, but similar on your land and the clouds in the sky.

Between your tears and your smile, you pick up loved ones, good and bad, rich and poor, old and young. You have no preference. Only in You there is no discrimination.

Among the beings that you pick up, now you get a girlfriend of mine, who was baptized in your name by the name of "Yvette".

I'm proud of you for giving her the opportunity to smile. Do not want to be hypocritical, so today I confess that I did not frequented her much, but I had an opportunity of see her smile and happiness, to enjoy her smile and that was enough to know that I received and obtain her friendship.

"Lord, may Yvette Diaz rest in peace in your arms"

Una Sonrisa Es Amistad

¡Dios mío!

Padre único de todos nosotros que pisamos sobre tu tierra.

Nos has dado la dicha de sonreír.

Nos brindas la misma dicha que llevas dentro de ti mientras eres crucificado

El rostro en tu imagen te representa triste y en llanto. En tu interior le sonríes a la vida, en tus dos mundos, distintos pero similares, sobre tu tierra y entre nubes en el cielo.

Entre tu llanto y tu sonrisa recoges a seres queridos, buenos y malos, ricos y pobres, viejos y jóvenes. No tienes preferencia. Solo en ti no hay discriminación

Entre los seres que recoges, ahora te llevas a una amiguita mía, que fue bautizada en tu nombre con el nombre de "Yvette".

Orgullosa me siento de ti por haberle dado la oportunidad de sonreír. No quiero serte hipócrita, por eso hoy te confieso que no la frecuenté mucho, pero tuve la oportunidad de verla sonreír y la dicha de gozar su sonrisa y eso bastó para saber que obtuve y obtengo su amistad.

"Señor que Yvette Díaz descanse en paz en tus brazos"

Limited Hight

Minimal experience,
And yet so much love you offer.

Opening your small arms to their fullest extent you go around sharing hugs and kisses.

So tender and, fragile you are inspiring those around you to share love and care.

Following experienced steps, you play while you rake.
Playing while you experience how to love and care.

Taking care of mother nature and looking up to father earth is how you get connected among the two.

Altura Limitada

Experiencia mínima,
Y sin embargo, tanto amor que ofreces.

Abriendo tus pequeños brazos en toda su extensión vas por ahí compartiendo abrazos y besos.

Tan tierno y frágil vas inspirando a los que te rodean a compartir el amor y el cuidado.

Siguiendo pasos experimentados juega mientras rastrilla.
Jugando mientras experimentas cómo amar y cuidar.

Cuidando a la madre naturaleza y admirando al padre mundo es cómo te conectas entre los dos.

Unknown ~ Love

An unknown love
Has fallen on my path

Who knows why or how, and it doesn't matter why on mine? not because it is not important but because it really doesn't matter.

Just like it doesn't matter if it is a non~sex love because we both became spiritually in love

It doesn't matter and it is not important that we are not sexually involved because we didn't focus on that side of either one of us.

It is not important if our love is filled by him or emptied by her because genders are not the point.

The point is, that spiritual loves don't carry a sexual face and yet they have them all.

An unknown love you may not know you have may be in everyone else and everyone else may not know there all in love with you.

An unknown love can just be the Angel sitting on your side and you may not even know...

Amor Desconocido

Un amor desconocido
Ha caído sobre mi camino

¿Quién sabe por qué o cómo y no importa por qué en el mío?, No porque no sea o no es importante, pero porque que realmente no importa.

Al igual que no importa si se trata de un amor sin relaciones sexuales porque los dos nos enamoramos espiritualmente

No tiene importancia que no estamos involucrados sexualmente porque no nos enfocamos en ese lado ninguno de los dos.

No importa si nuestro amor es llenado por él o vaciado por ella porque géneros no son el punto.

El punto es, mi punto es que amores espirituales no llevan una cara sexual y sin embargo, aun tienen cada cara ellos.

Un amor desconocido puede que no sepa lo que tiene y puede estar en todos los demás, y todos los demás pueden no saber que todos están enamorados de usted.

Un amor desconocido puede ser sólo un ángel sentado a tu lado y usted ni siquiera saberlo ...

Angels don't have favorites!

Angels are Angels

Angels don't have titles and yet they owned them all

They also don't have color and yet come in multicolored faces

Angels can't be seen when they are not noticed and yet they float all around

Angels aren't heard when they speak and yet they express day and night

Angels are silent voices that just play musical internal spiritual melodies

Angels are here and there following everyone's steps

Angels don't leave footprints because they float around the world guided by yours.

Angels assist others, when the energy is low.

Angels float by your side when they see you are flying low and fast!

Angels are Angels just like you and I, they enter the known to learn from the unknown.

¡Los Ángeles No Tienen Favoritos!

Los ángeles son ángeles

Los ángeles no tienen títulos y sin embargo poseen todos ellos

Asimismo, no tienen color y sin embargo se presentan en rostros multicolores

Los ángeles no pueden ser vistos ni los notamos y sin embargo, flotan alrededor

Los ángeles no se escuchan cuando hablan y sin embargo, se expresan día y noche

Los ángeles son voces silenciosas que sólo tocan musicales melodías espirituales internas

Los ángeles están aquí y allá siguiendo los pasos de todos

Los ángeles ayudan a los demás, cuando la energía es baja.

¡Los ángeles flotan a tu lado cuando ven que estás volando bajo y rápido!

Los ángeles son ángeles como tú y yo, entran en lo conocido a aprender de lo desconocido.

Delicate Sweet Battle

Delicate Sweet Angels Battling with Aggression

Pulling and dragging from each other's wings.

Chocolate covered feathers

Sugar coated halos

Angels battle for the sweetest place in a bright full wounded heart!

Open wounds to heal

Regression being sensed

Ouch! How painful could it feel?

Healing it with salt and pepper!

Not the best idea,

Sweets being served taking over the bitter prunes that rotten with time!

Sweet delicate Angel rises to spiritual musical skies

Bitter aggressive Angel vanishes into silent gloomy clouds. Standing with two feet on the ground enjoying the battle among the two!

Arguing and disputing the best part of me.

Battling in the center of the Angelic Feast, who will draw the line? He, her, she or I? Unanswered doubts dance with the Lord and Unfinished business floating around

Dulce y Delicada Batalla

Dulces y delicados Ángeles que luchan con agresión

Arrastrándose y jalándose de las alas unos a otros

Plumas cubiertas de chocolate

Halos cubiertos de azúcar

¡Ángeles batallan por el lugar enmelado en el más brillante corazón herido!

Heridas abiertas para sanar

Regresión siendo detectada

¡Ay! ¿Qué tan doloroso podría sentirse?

¡Ay! ¿Cuán doloroso podría ser?

¡Sanándolos con sal y pimienta!

No es la mejor idea,

¡Dulces son servidos encargándose de las amargas ciruelas que se pudren con el tiempo!

Dulce ángel delicado se eleva a los musicales cielos espirituales

Amargo Ángel agresivo desaparece en las sombrías nubes silenciosas.

¡Parado, con los dos pies en el suelo disfrutando de la batalla entre los dos!

Discutiendo y disputando la mejor parte de mí.

Luchando en el centro del Banquete Angelical, ¿quién trazará la línea? ¿Él, ella, esa o yo? Dudas sin respuesta danzan con el Señor y los asuntos inconclusos flotan alrededor.

Wishing From The Past, Hopping Into The Future

In every stroke
I wish I could change a window.
In every window
I wish I could change a door
In every door
I wish I could change a home
In every home
I wish I could change a family
In every family
I wish I could change a father
In every father
I wish I could re construct a mother
In every heart
I wish I could find a mother
In every mother
I wish I could be redirected to a lost little girl.
In every little girl
I wish I could change her world
In every world
I wish I could find a little girl
In every found little girl
I wish she'd be redirected to a safer place
In every safe place,
I wish every mother,
finds her lost little girl and
In each lost little girl
I wish that you will find yourself,
just like I found you
and you found the truth in me.

Deseando a partir del pasado, Con la esperanza hacia el futuro

En cada trazo
Me gustaría poder cambiar la ventana.
En cada ventana
Me gustaría poder cambiar una puerta
En cada puerta
Me gustaría poder cambiar un hogar
En todos los hogares
Me gustaría poder cambiar a la familia
En cada familia
Me gustaría poder cambiar a un padre
En cada padre
Me gustaría poder reconstruir a una madre
En cada corazón
Me gustaría poder encontrar una madre
En cada madre
Desearía que fuera redirigida a una niña perdida.
En cada pequeña niña
Me gustaría poder cambiar su mundo
En cada mundo
Me gustaría poder encontrar a una niña pequeña
En cada pequeña niña encontrada
Desearía que fuera redirigida a un lugar más seguro
En cada lugar seguro,
Desearía que cada madre,
Encuentre a su pequeña niña perdida
En cada una niña perdida
Me gustaría que tú te encontraras,
Así como yo te encontré
y tu encontraste la verdad en mí.

Moon~Ray

How beautiful meteorite from the sky has fallen.
It is the song of a star that announces
Hope today
to never be a tomorrow
and so, avoid the yesterday
leaving behind an inevitable destination
become a past.
A path has been filled with hope
supported with enough kindness
accompanied by quite strong
to kick off many roads intended.
Beginning with mine and meet
with the final details of his.
Looking back to a tender face to remember,
bearing in mind that it is from you and for you that I was born
not only to live but also to share with you
At birth, your mother was blessed cute lucero
I now live blessed as a ray of moon
created and polished for you mom
Thank you for your blessing and your mother be blessed always!
Dedicated to all the moms of the world
Special thanks to Maria Natividad and infinite descendants.

Rayito De Luna

Qué bello meteorito del cielo ha caído.
Es el canto de un lucero que anuncia
La esperanza del hoy
para nunca ser un mañana
y así evitar el ayer
dejando atrás un inevitable destino
convertido en un pasado.
Una vereda se ha colmado de esperanza
apoyada de suficiente gentileza
 acompañada de bastante fortaleza
 para iniciar muchos caminos destinados.
Empezando con el mío y cumpliendo
con los últimos detalles del suyo.
Mirando hacia atrás a un tierno rostro para recordar,
teniendo siempre presente que es de ti y por ti que he nacido
no sólo para vivir sino también para compartir a tu lado
Al nacer, bendecida fuiste por tu madre lindo lucero
bendecida vivo yo ahora como un rayito de luna
creado y pulido por ti mamá
¡Gracias por tu bendición y bendita seas siempre tú, Madre!
Dedicado a todas las mamás del mundo
En especial a María Natividad y descendencia infinita.

A humble Little One

Now I'm just a little girl
Who walks through the world with?
$ 1.00 in his pocket. I walk the sidewalks
feeling the humblest of the humble.

There are many poor people and among them
so, I find myself. I'm human and
I aim high, but do not get what I want.
We are poor and humble in the economic aspect
and social class appearance. However, in our belly,
our heart is very rich, often beats with pride and happiness.

Being humble little we have wasted the little we have buying the most expensive
tortilla but with lots of flavor and well garnered.
Instead the rich will be rich in economics and social class personal appearance but
good feelings and a good heart is what they don't have.

They get a tortilla to fill and three to surplus, however, neither the first nor the last
they find its flavor. For them every tortilla is bitter and tasteless.
They sit on their steel table and eat up that tortilla in crystal plate without any
satisfaction, just because the rich got that tortilla with the sweat of the humble.

Instead, the humble gets its own tortilla with their sweat and with very good flavor.

Soon I will be big and while I grow, I will rise with me even the humblest of the humble
ones.

Una Chiquilla humilde

Ahora sólo soy una chiquilla
Que camina por el mundo con
$1.00 en el bolsillo. Camino por las
banquetas sintiéndome la más humilde
de las humildes.

Hay mucha gente humilde y entre ellas
así me encuentro yo. Soy humana y
aspiro muy alto, pero no obtengo lo que deseo.
Somos pobres y humildes en el aspecto económico
y en apariencia de clase social. En cambio, en nuestro interior,
nuestro corazón es muy rico, late con frecuencia lleno de orgullo y felicidad.
Al ser humildes desperdiciamos lo poco que tenemos comprando una tortilla de las
más caras, pero con mucho sabor y bien granjeada.

En cambio, los ricos serán ricos en economía y en aspecto personal y en clase social,
pero buenos sentimientos y un buen corazón es lo que no tienen.
Obtienen una tortilla para llenar y tres de sobra, sin embargo, ni a la primera ni a
la última tortilla le encuentran sabor. Para ellos toda tortilla es amarga y sin sabor.
Se sientan en su mesa de acero y se comen aquella tortilla en plato de cristal y sin
satisfacción ninguna, solo porque el rico obtuvo aquella tortilla con el sudor del
humilde.

En cambio, el humilde consigue su propia tortilla con su mismo sudor y con muy
buen sabor.

Pronto seré grande y, mientras vaya creciendo, levantaré conmigo hasta al más
humilde de los humildes

Baja Border

Bitterness in your heart, hate in mine

Resented I developed,

Hateful I grew

Bitterness I learned

A Pocha's lifestyle

Obligated to live

Gringa with time I became

Arroz and frijoles my favorite fine dish

Carne Asada my favorite Steak

Pan dulce my best desert washed down with a fresh cold Chica Cola. Dual nations in one life. Multiple costumes

with an abundance of experience. Multitasker in both languages I think en Español and plan ahead en Ingles. Tan may be my color; white is my style in the shade I hang. With love and respect always in my heart leaving the hate aside, admiration in mis eyes looking up to the ojos verdes around my persona. Enjoying both nations, living dual lives to the fullest. Be who you want to be, listen to the heart, follow the instinct the oldest parent left behind. Take pride in who you are. Beaner or frijolero don>t question what is on your dish disfruta what is in your brain. And live what is in your heaert.